FRAGMENTS D'UN VOYAGE AUTOUR DU MONDE

AUG. BORGET

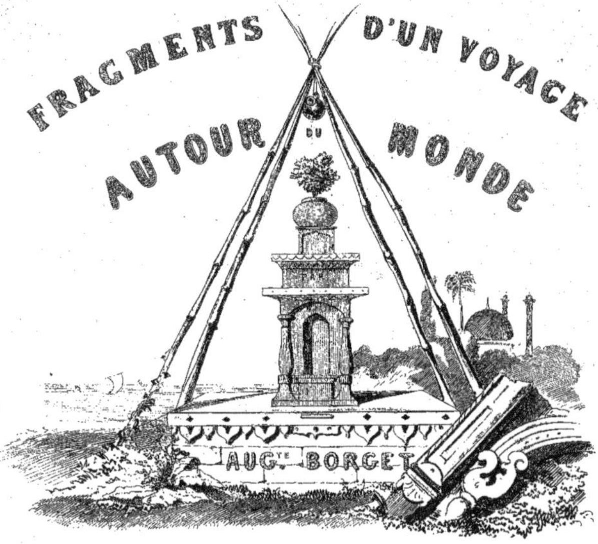

Arbre sacré des Hindous.

Moulins, P. A. Desrosiers, Imprimeur Éditeur.

Arbre sacré des Hindous.

Moulins, P. A. Desrosiers, Imprimeur Éditeur.
1850

ITUÉR à l'extrémité de la petite île de Manhattan, entre la rivière de l'Est, encombrée de navires venus de tous les coins de l'univers, et l'Hudson, ce magnifique fleuve sans rival en Europe, New-York est sans contredit l'une des villes du monde les plus belles, les mieux bâties, les plus riches et les plus industrieuses. Son accroissement presque fabuleux, sa fortune toujours ascendante en font un des points du globe les plus intéressants à étudier. Un seul fait donnera, mieux que toutes les statistiques, une idée juste de son activité. Six mois après le terrible incendie qui dévora plus de huit cents maisons de la partie vieille de cette opulente cité, il ne restait pas plus de vingt maisons à construire.

Le dimanche, au mouvement extraordinaire des autres jours succède un silence dont le nouveau débarqué a peine à se rendre compte. On dirait une ville envahie par la peste et que tous ses habitants auraient désertée le même jour et à la même heure : pas un omnibus, pas une voiture. Ses quais où déborde la vie sont déserts, et si quelque passant se hasarde dans Broadway, il se dissimule le mieux qu'il peut, longeant les murailles comme s'il craignait d'être vu, reconnu et stygmatisé. Je profitai de ce jour inhospitalier pour aller sur la rive droite de l'Hudson, dans les campagnes du New-Jersey, chercher un spectacle moins triste que celui d'une ville sans habitants. Ce ne fut qu'au retour d'une délicieuse promenade qu'avant de me rembarquer à Hoboken, je dessinai un moulin à vent qui se trouve situé sur les bords du fleuve, entre cette résidence d'été des heureux de New-York et la petite ville de Jersey. Chez nous la charpente du moulin est soutenue par une forte pièce de bois qui la traverse en partie et autour de laquelle elle peut tourner à volonté. Mais, pour orienter les voiles, il faut que le meunier, à l'aide d'un tourniquet, fasse mouvoir une autre pièce de bois qui se trouve à la queue du moulin. Ici rien de semblable, *et le meunier peut vaquer à l'aise et sans souci à ses autres occupations.* La base du moulin est en forte maçonnerie. Le sommet est couronné par un petit dôme mobile en bois et tournant sur lui-même, traversé par une poutre à l'une des extrémités de laquelle sont adaptées les grandes ailes toujours maintenues au vent par de petites voiles qui, placées à l'autre extrémité de la poutre, sont disposées de manière à recevoir le moindre souffle de la brise, et ont ainsi pour mission de ne jamais permettre au mécanisme intérieur de se reposer.

Moulin a vent
sur les Bords de l'Hudson, en face New-York

———

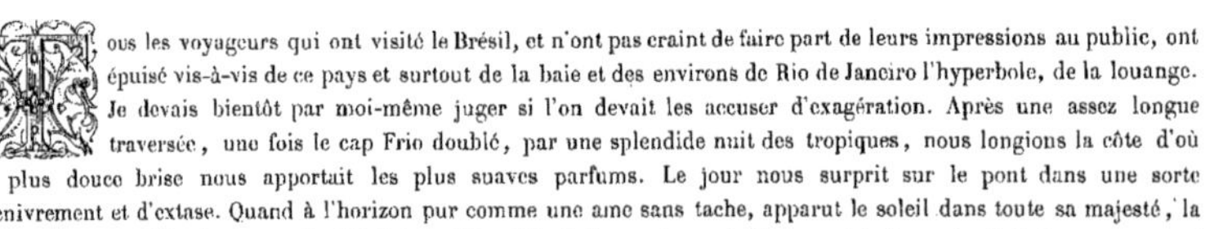

ous les voyageurs qui ont visité le Brésil, et n'ont pas craint de faire part de leurs impressions au public, ont épuisé vis-à-vis de ce pays et surtout de la baie et des environs de Rio de Janeiro l'hyperbole, de la louange. Je devais bientôt par moi-même juger si l'on devait les accuser d'exagération. Après une assez longue traversée, une fois le cap Frio doublé, par une splendide nuit des tropiques, nous longions la côte d'où la plus douce brise nous apportait les plus suaves parfums. Le jour nous surprit sur le pont dans une sorte d'enivrement et d'extase. Quand à l'horizon pur comme une ame sans tache, apparut le soleil dans toute sa majesté, la crète des vagues s'illumina, et toutes à la fois revêtirent les belles couleurs de l'arc en ciel. Couvertes de la base au sommet d'une végétation si puissante qu'elle semble vouloir les étouffer, les îles, les collines, les montagnes baignées dans une étincelante lumière, offraient une richesse, une variété de tons parmi lesquels l'œil n'avait qu'à choisir pour se reposer doucement. La nature tout entière avait un air de fête auquel nos yeux du Nord n'étaient pas habitués. Peu s'en fallut que nous ne fussions jetés sur les rochers du Pain-de-Sucre et du fort de Santa-Crux en gagnant le mouillage où nous attendîmes longtemps la santé, la police et la douane, dont une des embarcations nous déposa à la nuit en face du château impérial. Mais au mouillage mon temps n'avait pas été perdu, et j'avais désigné d'avance les endroits de la côte qui devaient offrir à un artiste les points de vue les plus dignes de son ambition. Aussi dès que je fus délivré des ennuis de la police et des formalités de la douane, je me mis en course et j'atteignis enfin, après avoir visité le jardin public, une petite baie à l'extrémité de laquelle se trouve un monticule couronné par l'église de Notre-Dame-de-Gloire. De là, le regard embrasse les dernières collines du Corcovado, une partie de la ville, le bel aqueduc qui fournit de l'eau à la cité, le jardin public, la colline où se trouve le mât des Signaux au-dessus de laquelle apparaissent dans un lointain lumineux les fameuses montagnes des Orgues, dont je devais bientôt visiter les forêts vierges qui s'étendent à leurs pieds et escaladent leurs flancs. Pourquoi faut-il que sous un si beau ciel, à l'ombre de cette merveilleuse végétation au milieu de laquelle s'épanouissent les plus charmantes fleurs, et qui abrite des milliers d'oiseaux incomparables, il y ait tant de malheureux noirs qui souffrent? Partout dans les rues, sur les places, sur le rivage, passent écrasés sous de lourds fardeaux, de pauvres nègres dont le dos sillonné par les coups de fouet atteste l'impitoyable rigueur de leurs maîtres....

Notre-Dame de gloria
(à Rio de Janeiro)

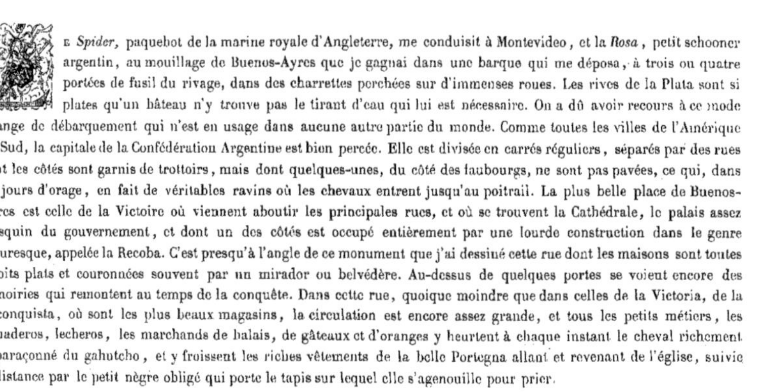

Spider, paquebot de la marine royale d'Angleterre, me conduisit à Montevideo, et la *Rosa*, petit schooner argentin, au mouillage de Buenos-Ayres que je gagnai dans une barque qui me déposa, à trois ou quatre portées de fusil du rivage, dans des charrettes perchées sur d'immenses roues. Les rives de la Plata sont si plates qu'un bâteau n'y trouve pas le tirant d'eau qui lui est nécessaire. On a dû avoir recours à ce mode étrange de débarquement qui n'est en usage dans aucune autre partie du monde. Comme toutes les villes de l'Amérique du Sud, la capitale de la Confédération Argentine est bien percée. Elle est divisée en carrés réguliers, séparés par des rues dont les côtés sont garnis de trottoirs, mais dont quelques-unes, du côté des faubourgs, ne sont pas pavées, ce qui, dans les jours d'orage, en fait de véritables ravins où les chevaux entrent jusqu'au poitrail. La plus belle place de Buenos-Ayres est celle de la Victoire où viennent aboutir les principales rues, et où se trouvent la Cathédrale, le palais assez mesquin du gouvernement, et dont un des côtés est occupé entièrement par une lourde construction dans le genre mauresque, appelée la Recoba. C'est presqu'à l'angle de ce monument que j'ai dessiné cette rue dont les maisons sont toutes à toits plats et couronnées souvent par un mirador ou belvédère. Au-dessus de quelques portes se voient encore des armoiries qui remontent au temps de la conquête. Dans cette rue, quoique moindre que dans celles de la Victoria, de la Reconquista, où sont les plus beaux magasins, la circulation est encore assez grande, et tous les petits métiers, les aguaderos, lecheros, les marchands de balais, de gâteaux et d'oranges y heurtent à chaque instant le cheval richement caparaçonné du gahutcho, et y froissent les riches vêtements de la belle Portegna allant et revenant de l'église, suivie à distance par le petit nègre obligé qui porte le tapis sur lequel elle s'agenouille pour prier.

Une Rue de Buenos Ayres.

UN RAVIN,

 Epuis huit jours que nous avions quitté Cordova et dit adieu aux amis et aux compatriotes qui nous avaient si bien accueillis, notre caravane avançait lentement dans des régions inconnues où l'instinct de nos guides, non sans toutefois de nombreux tâtonnements, pouvait seul nous diriger. Nous étions parvenus au sommet d'un immense plateau triste et morne, dont le sol brûlé était coupé çà et là de marais dans les hautes herbes desquels nous disparaissions tout entiers.....

...... Nous nous trouvons tout-à-coup devant un précipice taillé à pic et se prolongeant presqu'en droite ligne aussi loin que pouvait s'étendre la vue. Ce ne fut qu'après des recherches infinies qu'un de nos péons parvint à découvrir non pas un sentier, mais un endroit par lequel, grace à quelques saillies de rochers, nos mules délivrées de leurs charges et de leurs cavaliers non moins embarrassés qu'elles, purent descendre. Mais au fond de ce précipice de plus de cinq cents pieds, notre embarras ne fit que s'accroître. La végétation était si puissante, si serrée, si compacte par les lianes qui étreignaient tous les arbres à la fois, que pour nous frayer un passage nous dûmes avoir recours à la hache et au couteau, jusqu'à ce qu'enfin nous atteignîmes un endroit où les arbres moins pressés nous permirent d'avoir une vue complète des rochers que nous devions franchir même pour sortir de ce précipice presque sans issue, et dont le calme, j'en suis sûr, n'avait été que bien rarement troublé par la voix de l'homme.

Un Ravin dans la Sierra de Cordova.
(Amérique du Sud.)

UNE RUE A LIMA.

Avant de quitter l'Europe pour courir le monde, le nom seul de Lima mettait mon imagination en travail, et je désirais voir cette ville autant que j'avais désiré voir Rome, Naples et Venise. Je l'ai vue, et peut-être voudrai-je quelque jour la revoir. Et cependant ce n'est plus la ville des rois. Elle n'est plus que l'ombre d'elle-même. En perdant ses vice-rois, elle a vu se tarir la source de sa fortune. La corruption seule est restée ; et si le commerce qu'elle tente parvient à la ressusciter, les puissants d'autrefois sont destinés à devenir les pauvres de l'avenir. En parcourant ses larges rues arrosées par des eaux vives dont les canaux ne sont pas toujours suffisamment entretenus ; en voyant ses maisons dont les balcons pittoresques ont à regretter plus d'un ornement que le temps a détruit et que la misère n'a pas permis de remplacer ; en visitant ses églises les plus ornées du monde peut-être, quoique dépouillées de leurs principales richesses ; en errant dans ses nombreux couvents, sous de magnifiques cloîtres qui menacent ruine, on se demande avec douleur : Qu'était donc Lima autrefois, au beau temps de la domination espagnole ? Néanmoins, telle qu'elle se montre encore aujourd'hui dans son agonie qu'elle s'efforce de dissimuler aux étrangers et à elle-même, cette ville est encore une ville étrange, à part, ne ressemblant à aucune autre ; une ville de fêtes, de plaisirs, de luxe et de mystère, et tant qu'il lui restera une de ces Sayas qui ne laissent voir qu'un grand œil noir d'où s'échappe un long regard provocateur qui fait rêver, Lima aura son cachet à elle, rien qu'à elle ; Lima est sûre d'avance de conserver une place bien distincte dans les souvenirs du voyageur qui, rentré dans ses foyers, laissera plus d'une fois la folle du logis s'envoler vers ses beaux orangers couverts de fleurs et de fruits, vers son beau ciel dont jamais un nuage n'ose venir troubler l'immuable limpidité.

Une Rue à Lima (Piéton)

HALTE DE CHILIENS.

(CHILI.)

uoioue plus civilisés, les Gahutchos ou Gouassos du Chili conservent cependant avec leurs frères de la République Argentine plus d'un trait de ressemblance. On trouve chez eux un peu de la même apathie et du même besoin d'indépendance. Leur existence se passe presqu'entièrement sur le dos d'un cheval. Cependant ils travaillent davantage, et le travail leur donne des manières moins rudes. On se sent plus à l'aise avec eux, et il est probable que dans un avenir assez proche la civilisation aura porté son flambeau sous les plus humbles rantchos. J'ai fait plus d'une fois route avec eux; plus d'une fois, le matin, avant le départ, j'ai partagé leur maté, et j'ai pu remarquer bien souvent chez eux non plus le brutal orgueil de l'homme sauvage qui compte sur sa force physique, mais la dignité de l'homme qui a la conscience de sa valeur morale... S'il est un coin de terre, un monde où mon voyage eût pu finir, c'est le Chili; et si, quittant encore la France, j'étais destiné à aller vivre dans l'Amérique du Sud, c'est vers le Chili qu'instinctivement je me dirigerais encore.

La préférence que j'accorde à ce pays, de toutes les républiques du Nouveau-Monde celle sans contredit qui a le plus d'avenir, tient peut-être uniquement aux souffrances, aux misères essuyées dans le passage de la grande chaîne des Andes pendant l'hiver, et qui ne cessèrent qu'en entrant dans la belle vallée de Santa-Rosa de Los-Andes. Mais un beau ciel, un air salubre, de riantes vallées, des gens bienveillants, hospitaliers, tout cela n'est-il pas suffisant pour que la vie s'écoule et s'éteigne doucement.

Halte de Chiliens dans la Plaine de Santiago
(Chili)

UN ABREUVOIR A ARÉQUIPA.

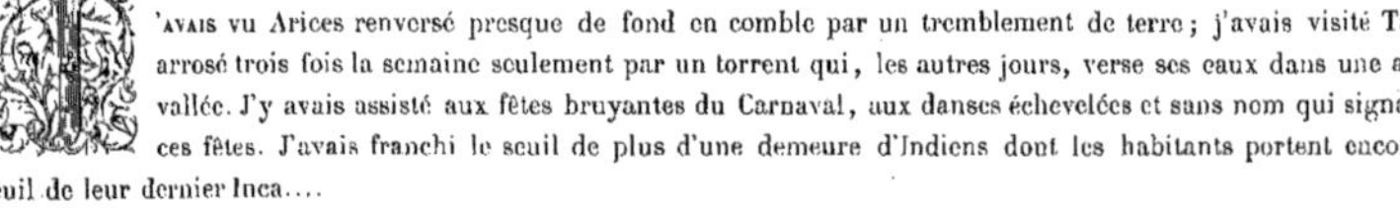

'AVAIS vu Arices renversé presque de fond en comble par un tremblement de terre ; j'avais visité Tacna arrosé trois fois la semaine seulement par un torrent qui, les autres jours, verse ses eaux dans une autre vallée. J'y avais assisté aux fêtes bruyantes du Carnaval, aux danses échevelées et sans nom qui signalent ces fêtes. J'avais franchi le seuil de plus d'une demeure d'Indiens dont les habitants portent encore le deuil de leur dernier Inca....

Quelques jours après j'étais à Islay dont le débarcadère ne peut être atteint qu'au moyen d'une échelle. De ce port à Aréquipa, la reverbération du soleil sur le sable du désert était si brûlante, que je craignis un instant de perdre la vue. Mes cils et mes sourcils étaient brûlés. Avec quelle joie, au sortir de cette fournaise ardente qui n'a pas moins de trente-six heures, où l'on ne rencontre que des carcasses de mules, je me trouvai enfin dans la vallée où s'élève la seconde ville du Pérou. C'était le paradis après l'enfer, et à mesure que j'avançais sous les beaux saules vierges qui bordent les différents bras du torrent et les sentiers que nous suivions, ma vue se ranimait et revenait à son état normal. Enfin Aréquipa se montra à nous avec ses nombreux clochers, ses églises massives, et leurs dômes blancs comme ses maisons aussi blanches que la neige. Pendant tout le temps de mon séjour dans cette ville, ma main ne resta pas oisive et mon crayon ne se reposa pas un seul instant. Troupeaux de Lamas chargés ou dormant à l'ombre; Indiens avec leur petit pontcho rayé, leurs étranges coiffures, leurs cheveux plats et longs, et leurs figures jaunes, indolentes et résignées ; riches façades d'Eglises, intérieurs de maisons, humbles habitations des fileuses de coton avec leur roue que fait tourner une petite chute d'eau, j'ai tout dessiné sans oublier jamais son volcan souvent couvert de fumée. Ce ne fut que la veille de mon départ que le hasard me conduisit dans le faubourg qui se trouve de l'autre côté du pont, près d'un abreuvoir où des arriéros faisaient boire leurs chevaux, après avoir toutefois marmotté une prière et salué dévotement l'humble croix qui surmonte ce petit monument.

RUE ET MARCHÉ A CANTON.

(CHINE.)

'ARTISTE qui, las du spectacle des petites industries qui viennent chaque matin s'exercer sur la place des Factoreries, veut sortir enfin des limites de la prison assignée aux Européens, limites que du reste ils reculent sans cesse, ne doit s'aventurer qu'avec une extrême circonspection dans le dédale vraiment fabuleux des rues des faubourgs de Canton. Elles sont si étroites, si animées, si bruyantes; les passants si nombreux, si affairés, et les porte-faix si peu soucieux de ne pas le heurter de leurs fardeaux, qu'il a peine à trouver un coin inoccupé où il puisse se poser avec son album. Vers quelque côté de la cité qu'il tourne ses pas, dans quelque rue qu'il avance, sur quelque place qu'il s'arrête, il y a certaines professions, certains individus qu'il ne manque jamais de rencontrer. Ce sont bien les mêmes que sur la place des Factoreries; seulement le cadre dans lequel les groupes se meuvent est différent.

Voilà le barbier avec son lavabo, sa petite sellette dans laquelle il a ménagé des tiroirs pour y placer ses peignes, ses rasoirs, ses pinces à épiler, son cure-oreille, sa perle à œil, petite boule de corail ou de cristal au bout d'un manche d'ivoire plus ou moins orné : le voilà rasant, épilant une pratique rieuse, ou plongée dans une somnolence qu'il lui a procurée à l'aide de quelques passes magnétiques, et achevant cette longue opération en tressant avec le soin le plus minutieux une longue queue entremêlée à l'extrémité d'un cordonnet de soie rouge qu'il arrête par le nœud le plus coquet qu'il puisse inventer. A ses côtés est un fin matois gagnant au jeu de dés les sapèques de pauvres enfants. — Plus loin sont des serruriers, des restaurants ambulants avec leurs grands parasols. — Plus près est un diseur de bonne aventure, avec sa table où sont étalés ses petits papiers rouges, son encre, ses pinceaux. C'est autour de lui que la foule se presse, que les crédules se succèdent sans relâche, ayant hélas! besoin de s'aveugler sur le présent par l'espérance d'un meilleur avenir. Quelque confiance que ses clients aient en lui, j'en ai vu plus d'un, en le quittant, entrer dans un temple au toît de porcelaine capricieusement découpé, pour contrôler l'oracle du sorcier, en consultant au moyen de petits morceaux de bois dont il observe la position après qu'il les a laissé tomber, l'idole de sa Divinité préférée.

Rue et Marché à Canton.
(Chine)

LA PLACE D'HONOLOULOU.

(ILES SANDWICH.)

En quittant un monde qui a vu une civilisation des plus avancées, s'affaisser sous les coups d'une civilisation apportée d'un autre monde, et une religion qui avait ses temples, ses prêtres et des sectateurs fervents et sans nombre, s'effacer et disparaître entièrement pour faire place à une autre religion, me voilà transporté loin des continents, dans un coin du globe qui sort des limbes de l'ignorance pour s'élancer vers la vie sociale, dans le monde des idées. Me voilà aux îles Sandwich, dans l'île d'Oahou, à Honoloulou que le roi presque constitutionnel de ce pays a choisi pour résidence. Là, pas de palais qui tombent en ruine, mais de misérables huttes qui disparaissent pour faire place à de blanches maisons plus confortables. Là, pas de regrets vers le passé, mais des regards vers l'avenir. Quel sera-t-il ? Dieu veuille que ceux qui se sont chargés de conduire ce peuple d'enfants jusqu'à l'âge d'homme, s'acquittent en conscience de cette grande mission. Mais hélas ! j'ai peur que les êtres simples et primitifs qui vivent sur les rivages de cette mer si belle, dans ces modestes cabanes au pied de ces beaux cocotiers, ne payent chèrement leur initiation trop prompte à notre vie d'Europe, et que notre civilisation ne les tue comme elle a tué les Indiens de l'Amérique du Sud.

BALZAS,

Coquimbo, au Huasco, derniers ports du Chili dans le Nord, j'avais vu et dessiné des Balzas ; ce ne fut que près de Cobija, sur la côte de Bolivie, que je vis à l'œuvre ce genre de bateaux. Ils sont faits avec une peau de loup marin parfaitement cousue, et à l'une des extrémités de laquelle est ménagée une ouverture en forme de bec, par laquelle l'air est introduit, et que l'on referme ensuite au moyen d'une corde fortement serrée. Ces peaux sont réunies deux à deux au moyen de morceaux de bois plus écartés sur l'arrière que sur l'avant où elles se rejoignent et se touchent. Le vide produit par l'écartement est rempli par une peau de bœuf fortement tendue sur chaque balza. C'est sur cette plateforme que se placent les pêcheurs et que sont arrimés les filets et les panniers qui servent à mettre le produit de la pêche. Le rameur se tient sur l'avant avec une pagaye à deux bouts plats et arrondis : ou peut au besoin mâter les balzas et y ajouter une petite voile. Ce genre de bateaux résiste aux plus mauvais temps, et le balzero se hasarde hardiment au milieu des rochers sans crainte que ceux-ci n'endommagent son esquif qui n'offre pas assez de résistance pour être déchiré.

Balsas (Bateaux de Pêche) sur la Côte de Bolivie.

PONT ET VILLAGE DE PASSIG.

(ILES PHILIPPINES.)

BLIGÉ par la guerre qui avait éclaté entre l'Angleterre et la Chine de quitter le céleste Empire où je comptais séjourner longtemps encore, je dûs penser à retourner en Europe. Un des riches négociants anglais de Canton, dont je n'oublierai jamais l'accueil bienveillant, m'offrit de venir avec lui à Marseille, où il avait fait retenir une maison dans laquelle ma chambre était prête. De l'immense Varandah de notre maison située sur la rive droite du Passig, je voyais à chaque instant de nombreuses banquilles descendre et remonter son cours. Quelles délicieuses promenades j'ai faites sur cette rivière, l'une des plus pittoresques que j'ai vues. Oublier les arequiers sans nombre, les palmiers, les bananiers, les bambous qui ornent ses rives et se reflètent dans le cristal de ses ondes limpides, est impossible. Que de charmantes maisonnettes enfouies à l'ombre sous les gracieux panaches de ces arbres élégants sans cesse balancés par la brise ! Que de villages coquettement situés ! parmi ces derniers, celui du Passig est un des plus intéressants. La première fois que ma banquille me conduisit jusque-là, je dessinai de la rive son église blanche située sur la grande place, et son pont couvert dont les côtés sont décorés de petites chapelles gothiques devant lesquelles jamais un habitant du village ne passe sans se découvrir et sans faire le signe de la croix.

Ponts et Village de Passig,
à 6 lieues de Manille (Îles Philippines)

RUE DE CLIVE A CALCUTTA.

UELQUE magnifiques que soient les quartiers de Calcutta où les Anglais ont établi leurs splendides demeures, ce n'était pas pourtant devant les façades de leurs palais de Tchoringui que j'allais chercher les pages de mon Album. A leur architecture prétendue grecque, je préférais les rues étroites et sinueuses de la vieille ville. Les costumes ou les haillons des indigènes soumis par une compagnie de marchands me semblaient plus pittoresques que le luxe étourdissant des vainqueurs, et leurs mœurs une étude plus intéressante que celles des Anglais qui sont invariablement les mêmes sur tous les points du globe où ils se sont établis. J'allais souvent, au lever du soleil, sur le bord du fleuve hérissé de mâts, à l'heure des ablutions, m'établir sur mon palanquin, tandis qu'un de mes porteurs soutenait un large parasol au-dessus de ma tête : ou bien je fouillais les recoins les plus obscurs des quartiers populeux, et je ne manquais jamais d'y découvrir quelque ruine pittoresque. Je rentrais par la rue de Clive parallèle au fleuve, et l'un des grands artères de la cité, qui conduisait presqu'en face de ma demeure. Que de fois j'ai dessiné ce vieux bazar, dont l'intérieur donnerait de la besogne à un artiste pendant plus de quinze jours. Combien de misères sont enfouies dans cet ancien palais qui bientôt peut-être n'existera plus.......

En face de sa colonnade d'où pendent de tous côtés des haillons, se trouvait alors sous la terrasse d'une maison à laquelle on arrive par un escalier raide et sans rampe, un vieux fakir qui s'était fait murer, en permettant toutefois qu'on pratiquât une légère ouverture par laquelle les dévôts et les femmes surtout qui venaient le prier, pouvaient lui faire passer la nourriture dont il avait besoin. Celui-là au moins n'inspirait pas le dégoût et l'horreur comme ses semblables, fanatiques par profession, se vautrant dans la fange, et s'imposant par orgueil, paresse ou folie, les plus horribles supplices ; race immonde, abrutie, qui soulève le cœur, et qui, heureusement ne se trouve que dans l'Inde.

Rue de Chives, à Calcutta.